JN076057

ようこそ!　なぞときワールドへ

わかるとうれしい、とけると楽しい、なぞときワールド。

難問、何問クリアできるかな?

クリアすると、レベルの数の宝石が手に入るよ。

なぞときにチャレンジして、たくさん宝石を集めよう!

行ってみよう!　ふしぎなオパール・ワールドへ
02

旅立とう!　神秘のアンバー・ワールドへ
32

もんだいのページをめくると、うらにこたえと解説がのっているよ。

行ってみよう！
ふしぎな オパール・ワールドへ

オパールは、さまざまな色がきらめく虹色の宝石。
名前は、古代インドのサンスクリット語で
「貴重な石」を意味することばから来ている。日本名は「蛋白石」だよ。
なぞをといて、ふしぎなオパールを手に入れよう！

もんだい

この生き物、何だかわかるかな？

【ヒント】
島の中に、6を入れてみよう

なぞとき
01
こたえ

白熊（しろくま）

しろくま

しまの中（なか）にろく→しろくま。

もんだい

このスポーツ、何(なん)だかわかる？

【ヒント】
手(て)に
書(か)いてある
文字(もじ)は……？

なぞとき 02 こたえ

テニス

手(て)に「す」。

もんだい

魚(さかな)と動物(どうぶつ)は、
ある花(はな)の名前(なまえ)だよ。
何(なん)だろう？

【ヒント】
魚(さかな)はアジ

アジサイ

サイ

アジとサイで花（はな）になったね！

なぞとき

もんだい

なぞの計算式を読みとこう。
こたえはいくつ？

 す　ご　Y 

【ヒント】
そのまま
読んでみて！

なぞとき

もんだい

？？に入る動物は何？
なぞの文を読みとこう。

にわとりと子ネコ、
？？とワニ

【ヒント】
反対から
読んでみよう！

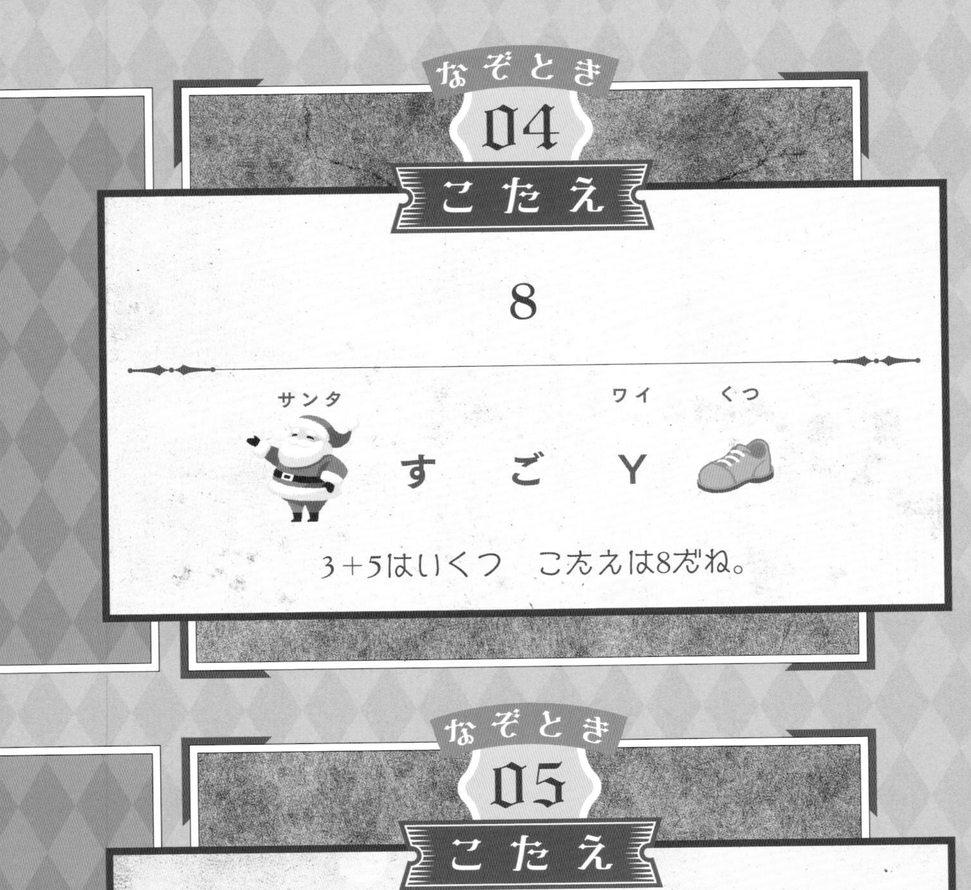

なぞとき

05

こたえ

鳥

にわとりとこねことりとわに

反対から読んでも同じになる文だよ。

なぞとき

もんだい

この国(くに)はどこかわかるかな？

スイス

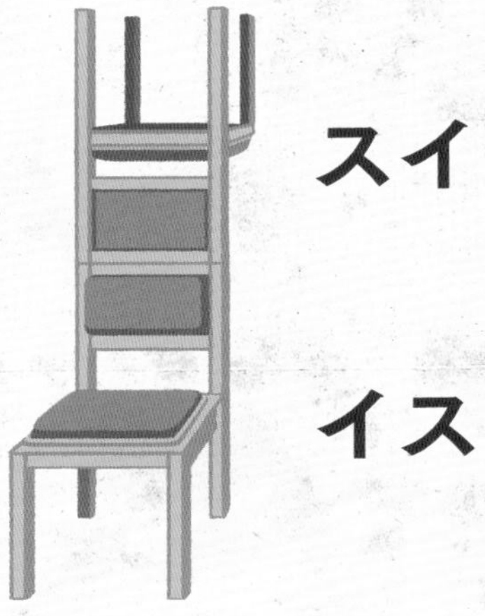

さかさのイス＝スイ。
イスと合体してスイス！

なぞとき

07

もんだい

この人(ひと)の職業(しょくぎょう)、
何(なん)だかわかるかな？

【ヒント】

ぼうしに
注目(ちゅうもく)して！

消防士

小さいぼうし＝小ぼうし＝消防士。

なぞとき

もんだい

??に入る
ひらがなは何かな？
色の読み方のなぞをとこう。

●＝くろ

●＝か

○＝しろ

●＝??

なぞとき
08
こたえ

さお

●＝まっくろ

●＝まっか

○＝まっしろ

●＝まっさお

とても青い色は「まっさお」と言うね。

なぞとき

09

レベル

もんだい

このドリンクは何(なん)だろう？

なぞとき

09

こたえ

バナナジュース

バ 70(ななじゅう) ス

バスの中(なか)に70を入(い)れると、
おいしいドリンクになるね！

なぞとき

10

レベル

もんだい

「ある・なし」のなぞをとこう。
「ある」の共通点は何かな？

［ある］

い
け
め
て

［なし］

き
え
も
す

【ヒント】
「い」は1つ、
「め・て」は2つ

なぞとき
10
こたえ

体の一部

い ＝ 胃

け ＝ 毛

め ＝ 目

て ＝ 手

胃、毛、目、手だよ！

なぞとき

11

レベル

もんだい

「ある・なし」のなぞをとこう。
「ある」の共通点は何かな？

［ある］	［なし］
すもう	柔道
ふぶき	台風
飛行機	新幹線
粘土	砂場

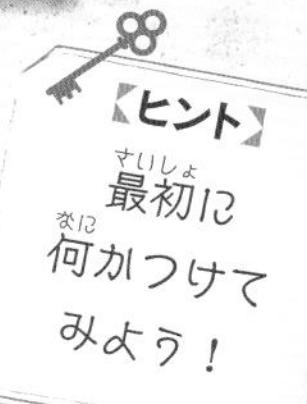

なぞとき
11
こたえ

「紙(かみ)」をつけると、
別(べつ)のことばになる。

紙(かみ)ずもう

紙(かみ)ふぶき

紙飛行機(かみひこうき)

紙粘土(かみねんど)

なぞとき 12

レベル

もんだい

この式、まちがっている！
マッチ棒を2本動かして、
正しい式にしてね！

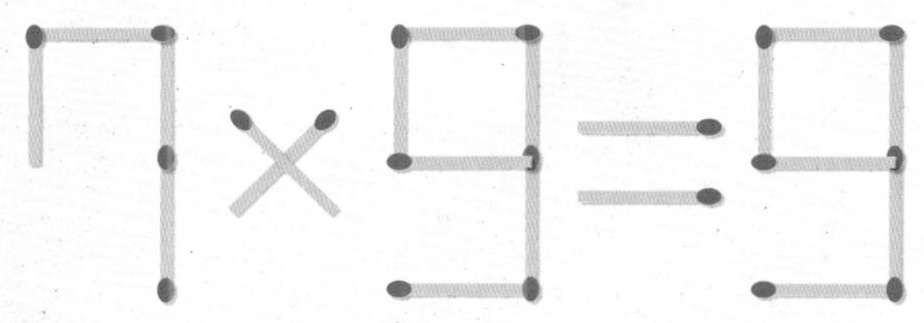

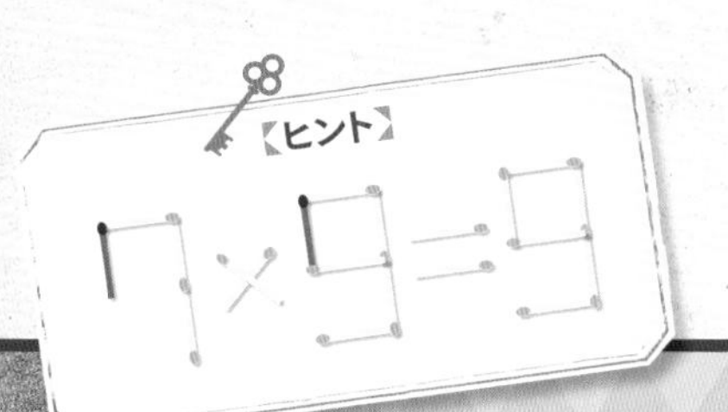

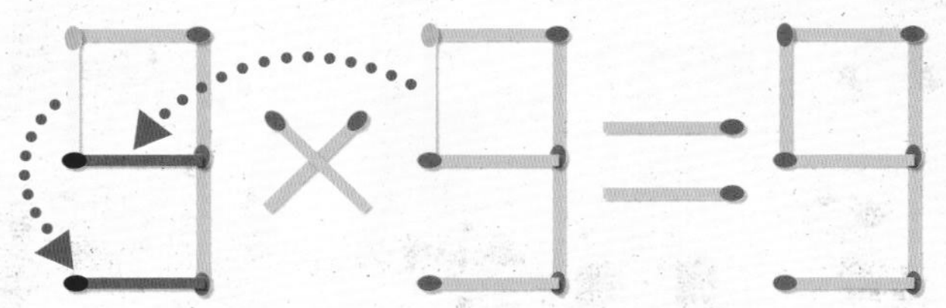

7と9のたて棒2本を横にして、
7と9を3にしてみよう。

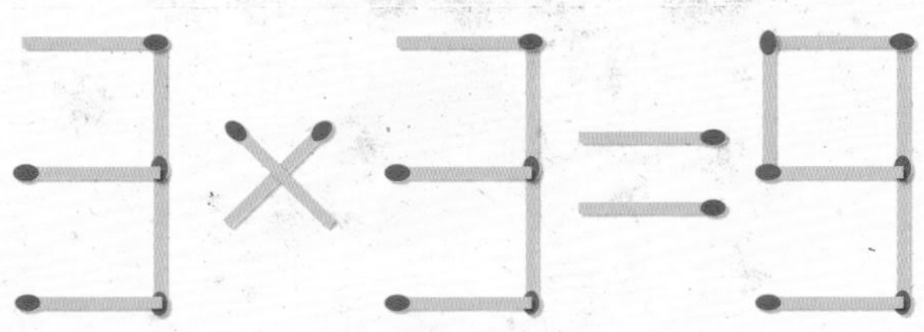

正しい式になったよ！

13

もんだい

この式、まちがっている！
マッチ棒を1本動かして、
正しい式にしてね！

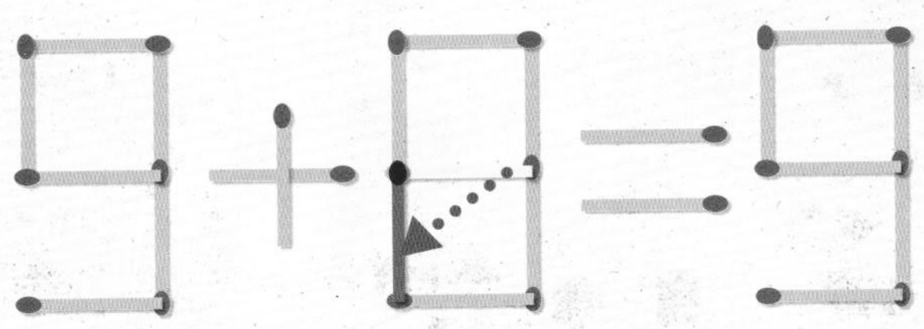

9の横棒(よこぼう)をたてにして0にしよう。

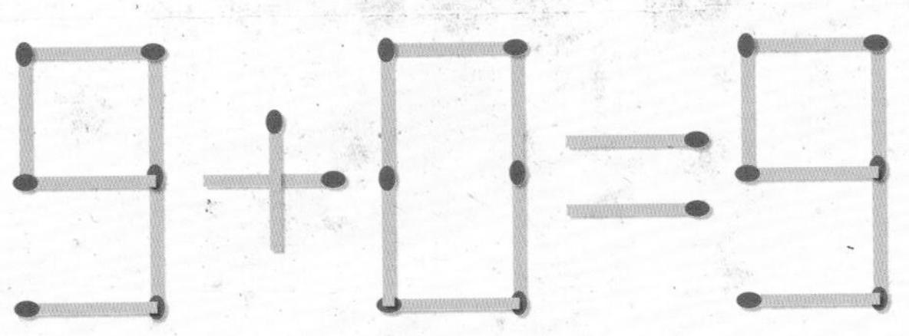

正(ただ)しい式(しき)になったよ！

なぞとき
14
レベル

もんだい

？？？？には
同(おな)じことばが入(はい)るよ。
何(なに)かな？

？？？？と
？？？？トは
大(おお)きな音(おと)と聞(き)こえない音(おと)

【ヒント】
救急車(きゅうきゅうしゃ)や
パトカーに
ついているよ！

なぞとき
14
こたえ

サイレン

サイレントは、音(おと)がしないという意味(いみ)の英語(えいご)。

なぞとき

15

レベル

もんだい

？？？？？には
同(おな)じことばが入(はい)るよ。
何(なに)かな？

？？？？？きたら

？？？？？きた！

【ヒント】

何(なに)を買(か)ってきたのかな？

なぞとき

15

こたえ

はむかって

ハムかってきたら

はむかってきた！

ハムを買(か)ってきたら、犬(いぬ)が歯向(はむ)かってきた！

オパール・ワールドはこれでおわり。何問クリアできたかな？
手に入れたオパールは、希望のシンボル。
願いごとをかなえ、幸せをもたらす力があると言われているよ。
オパールは、見る角度によって、虹の色がいろいろに変化して
美しくきらめく。ふしぎな宝石だね。

旅立とう！
神秘の アンバー・ワールドへ

アンバーは、植物の樹脂が岩石の中で固まった黄金色の化石。
名前は、「海にただようもの」や「よい香り」を意味するアラビア語などが、
もとになったと言われている。日本名は「琥珀」だよ。
なぞをといて、神秘のアンバーを手に入れよう！

なぞとき
16

もんだい

並んでいる漢字の
なぞをとこう。
それぞれ何の順番かな？

火 金 月 水 土 日 木

秋 夏 春 冬

なぞとき
16

こたえ

あいうえお順（じゅん）

火（か）金（きん）月（げつ）水（すい）土（ど）日（にち）木（もく）

秋（あき）夏（なつ）春（はる）冬（ふゆ）

漢字（かんじ）は、曜日（ようび）と季節（きせつ）。

なぞとき 17

レベル

もんだい

なぞのたし算、
ある材質を表しているよ。
わかるかな？

ヒント
「たす」ではなく、
「プラス」だよ！

＋チック

なぞとき 18

レベル 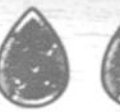

もんだい

なぞのかけ算、
ある楽器を表しているよ。
何だかわかる？

オリン×2

ヒント
×2すると、
倍になる

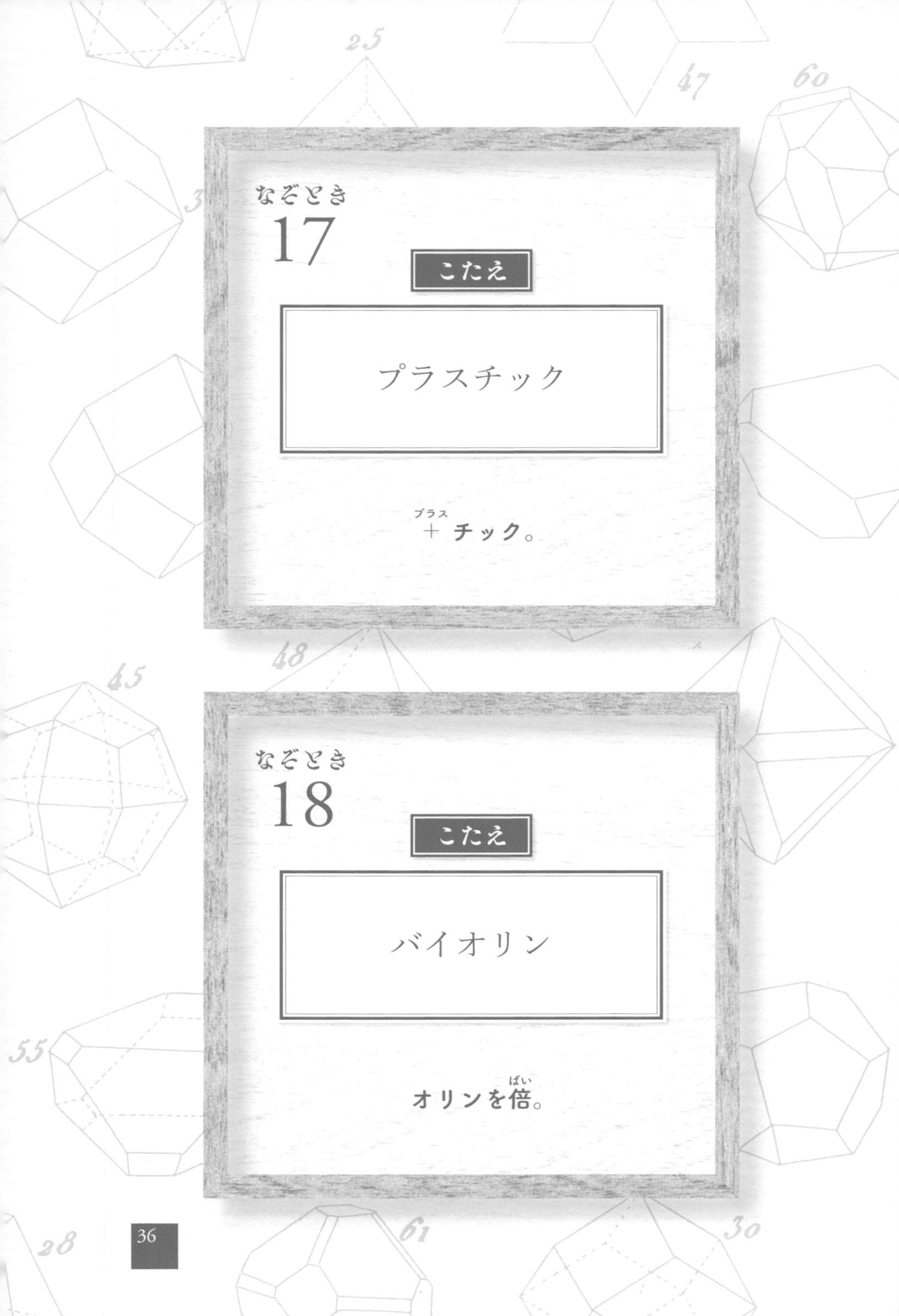

なぞとき

17

こたえ

プラスチック

＋（プラス）チック。

なぞとき

18

こたえ

バイオリン

オリンを倍（ばい）。

なぞとき
19

レベル

もんだい

なぞの楽譜(がくふ)、
あるお店(みせ)を表(あらわ)しているよ。
わかるかな？

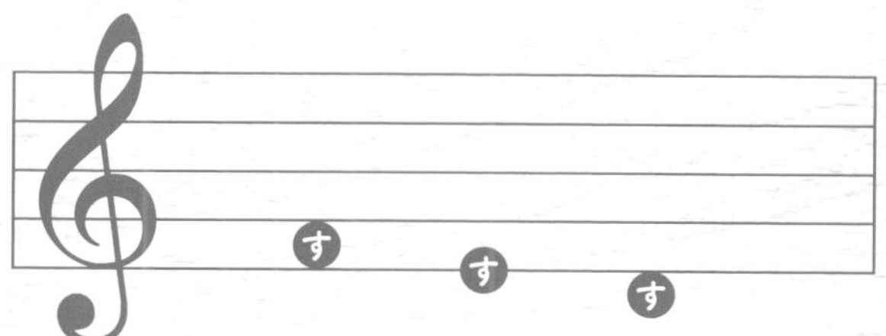

ヒント
ファとミとレ

なぞとき
19
こたえ
ファミレス
す
ファ
す
ミ
す
レ
ファ・ミ・レが「す」になっている。
25
47
60
32
24
45
55
57
28
61
30

なぞとき 20

もんだい

「9つの色がついた食事」
とは、どんな食事かな？

なぞとき

20

こたえ

給食（きゅうしょく）

9色（しょく）だから。

なぞとき 21

レベル 

もんだい

真っ黒なのに、
頭に点々をつけると
透明になるものは何？

ヒント
真っ黒な
鳥といえば……

なぞとき 22

レベル  

もんだい

図書館で大きな声を
出すと言われる、
アルファベットは何？

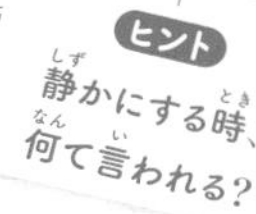

ヒント
静かにする時、
何て言われる？

なぞとき
21

こたえ

カラス

頭に点々をつけると、ガラスになるよ。

なぞとき
22

こたえ

C

「シー！」

なぞとき
23

レベル 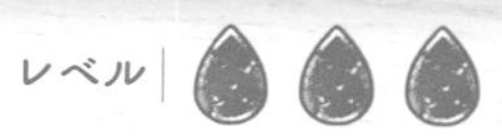

もんだい

文字(もじ)の並(なら)びの
なぞをとこう。
?に入(はい)るひらがなは何(なに)かな?

お き ? あ あ

ヒント
「?」より右(みぎ)は未来(みらい)、
左(ひだり)は過去(かこ)

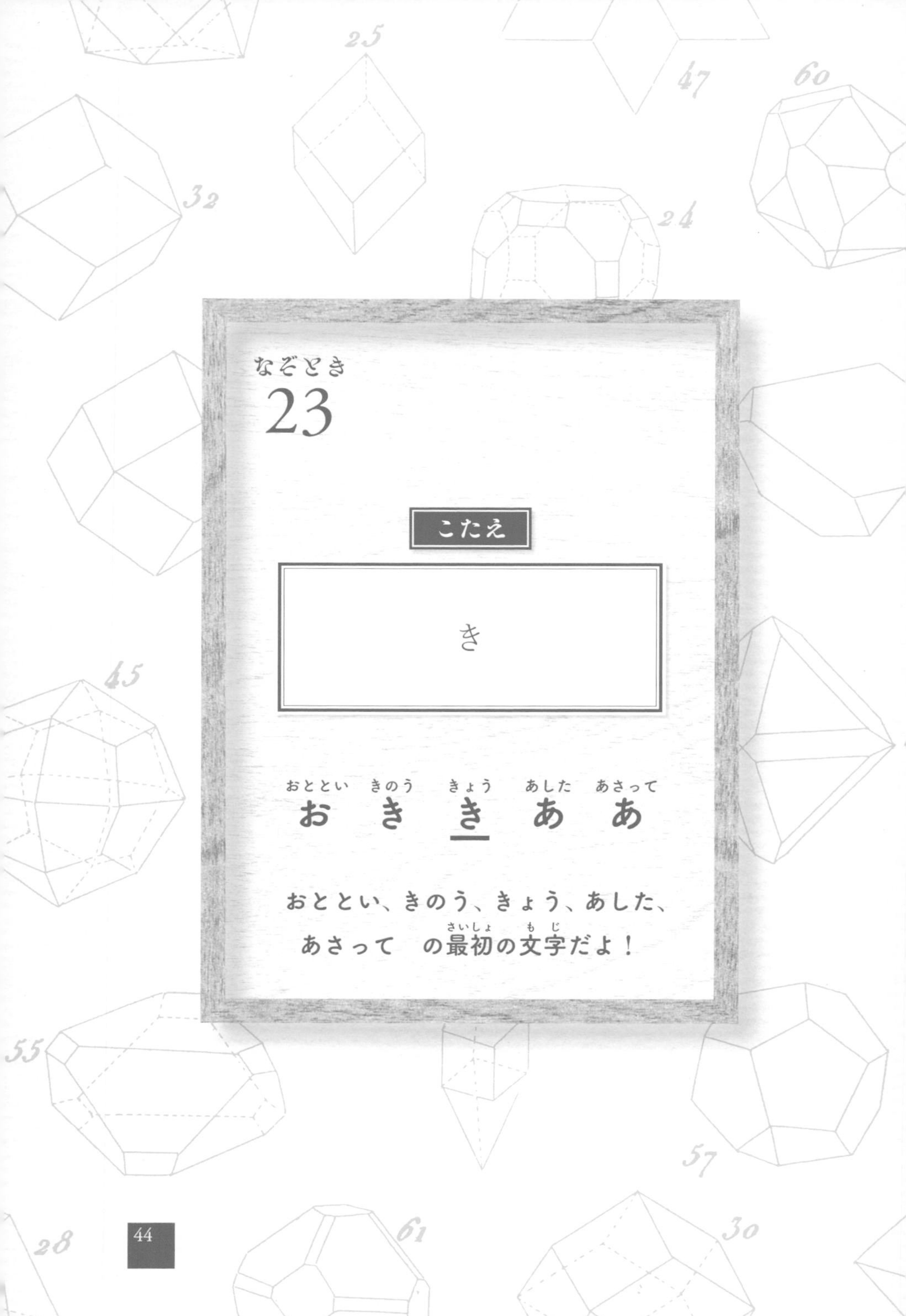

なぞとき

23

こたえ

き

おととい　きのう　きょう　あした　あさって

お　き　き　あ　あ

おととい、きのう、きょう、あした、あさって　の最初(さいしょ)の文字(もじ)だよ！

なぞとき
24

レベル 

もんだい

?に文字を入れて、
たてに読むと何になる?

コ?ラ		?
ワ?	同じ＝	?
ナ?ケモノ		?
サ?		?

ヒント
横に読んでみて。
同じ仲間だよ!

なぞとき
24

こたえ

アニマル

コアラ
ワニ
ナマケモノ
サル

みんな
アニマル。

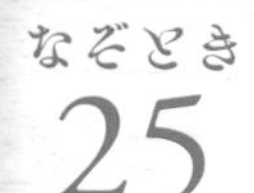

なぞとき 25

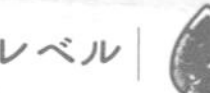
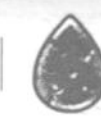

もんだい

？に同じ文字を入れて、
ことばを作ろう。

ヒント
日本の大都市だよ

？うきょう？

なぞとき 26

もんだい

？に同じ文字を入れて、
ことばを作ろう。

ヒント
がんばると、
もらえることも

ひ？うし？うじ？う

なぞとき
25

こたえ

と

とうきょうと ····▶ 東京都(とうきょうと)

なぞとき
26

こたえ

よ

ひょうしょうじょう ····▶ 表彰状(ひょうしょうじょう)

なぞとき
27

レベル 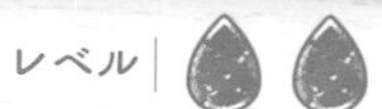

もんだい

真ん中の ? に
漢字1文字を入れて
▶ の方向に読むと、
4つのことばができる。
? に入る漢字と
4つのことば、わかるかな？

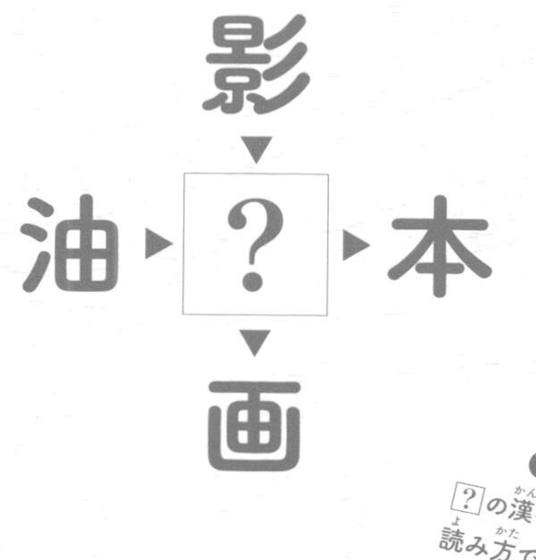

ヒント
? の漢字は、どんな
読み方でもOKだよ！

なぞとき
27

こたえ

絵（え・かい）

影
▼
油▸絵▸本
▼
画

影絵（かげえ）・油絵（あぶらえ）・絵本（えほん）・絵画（かいが）

なぞとき

28

レベル 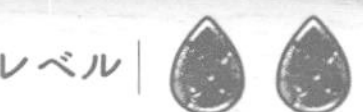

もんだい

真ん中の ? に
漢字1文字を入れて
▶ の方向に読むと、
4つのことばができる。
? に入る漢字と
4つのことば、わかるかな？

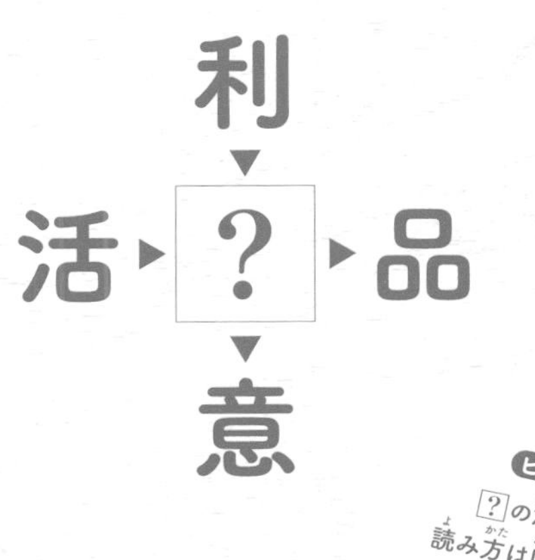

ヒント
? の漢字の
読み方は同じだよ！

なぞとき
28
こたえ
用(よう)
利
活
用
品
意
りよう　かつよう　ようひん　ようい
利用・活用・用品・用意

なぞとき
29

レベル 

もんだい

並べかえてできる
おとぎ話は何かな？

逆さな俳人

なぞとき
30

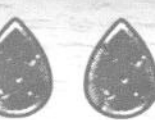

もんだい

並べかえてできる
おとぎ話は何かな？

おじいさんが
助けたのは？

恩師が募る絵

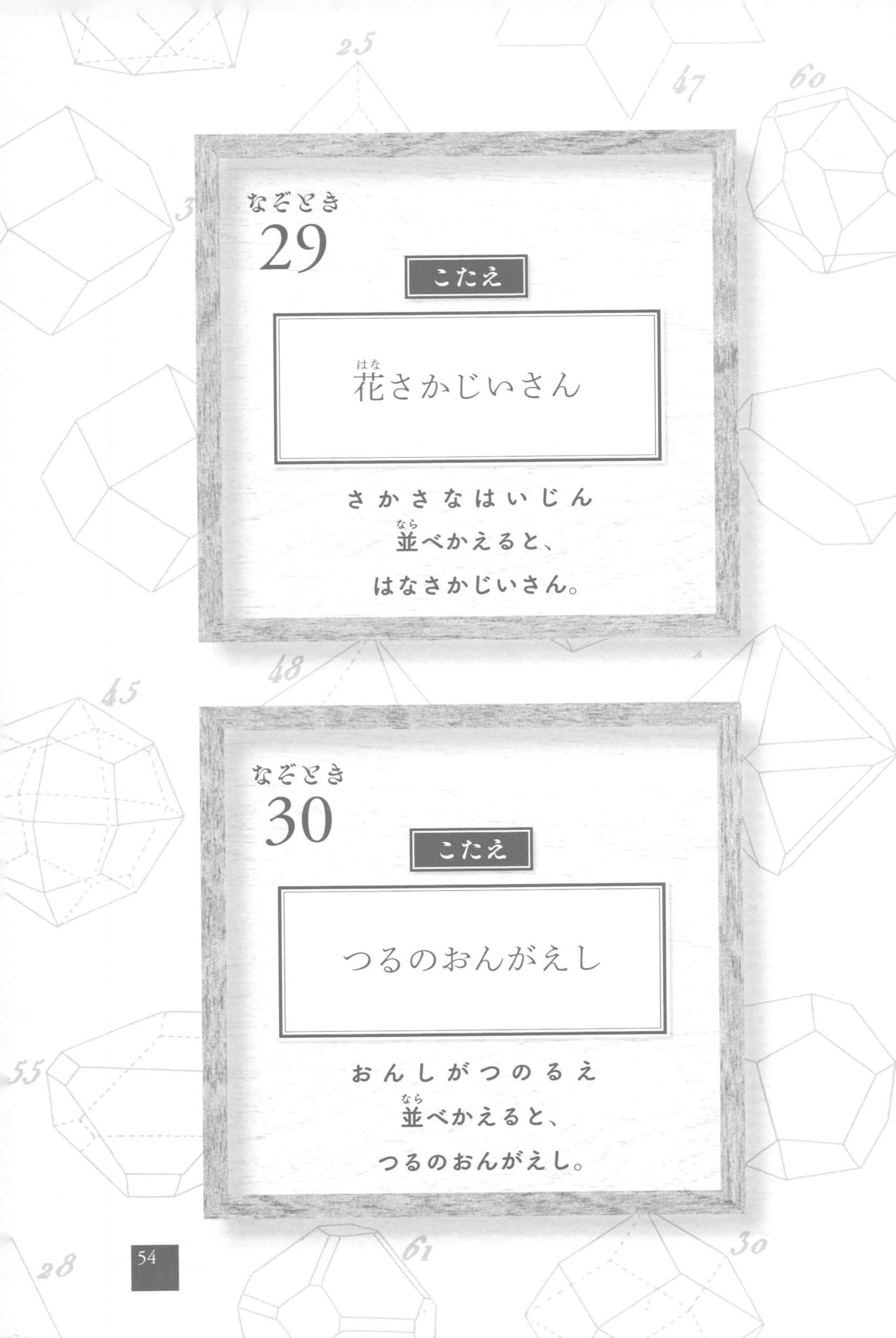

なぞとき
29

こたえ

花(はな)さかじいさん

さかさなはいじん
並(なら)べかえると、
はなさかじいさん。

なぞとき
30

こたえ

つるのおんがえし

おんしがつのるえ
並(なら)べかえると、
つるのおんがえし。

なぞとき
31

レベル

もんだい

バラバラになった漢字（かんじ）を
組（く）み合（あ）わせて、できる
ことばは何（なに）かな？

一 乂 ・ 宀 子

なぞとき
32

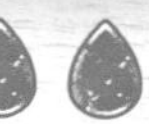

もんだい

バラバラになった漢字（かんじ）を
組（く）み合（あ）わせて、できる
ことばは何（なに）かな？

ヒント
央日

由 凵 央 一 日

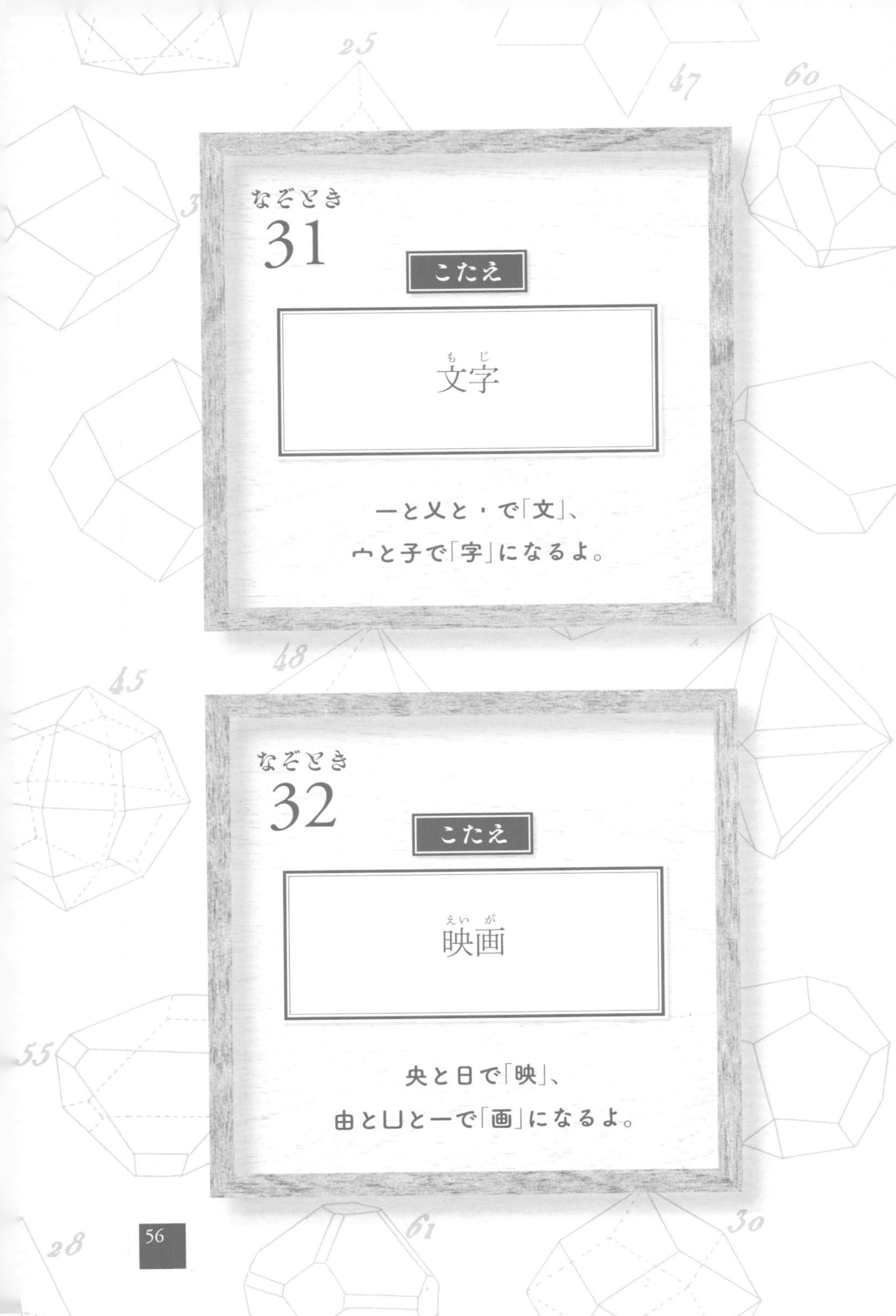

なぞとき
31

こたえ

文字（もじ）

一と乂と・で「文」、
宀と子で「字」になるよ。

なぞとき
32

こたえ

映画（えいが）

央と日で「映」、
由と凵と一で「画」になるよ。

なぞとき
33

レベル

もんだい

一郎（いちろう）くんと二郎（じろう）くんは、
同（おな）じ生年月日（せいねんがっぴ）で
両親（りょうしん）も同（おな）じなのに、
双子（ふたご）ではないと言（い）う。
なぜだかわかる？

ヒント
いじわる
もんだいだよ！

なぞとき
33

こたえ

三つ子だから

なぞとき
34

レベル
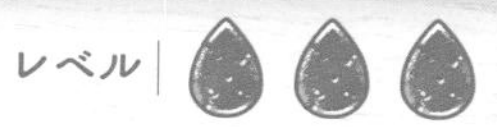

もんだい

ある山小屋（やまごや）の
ふしぎなとびら。
風（かぜ）もないのに、
とじたりしまったりする。
なぜだろう？

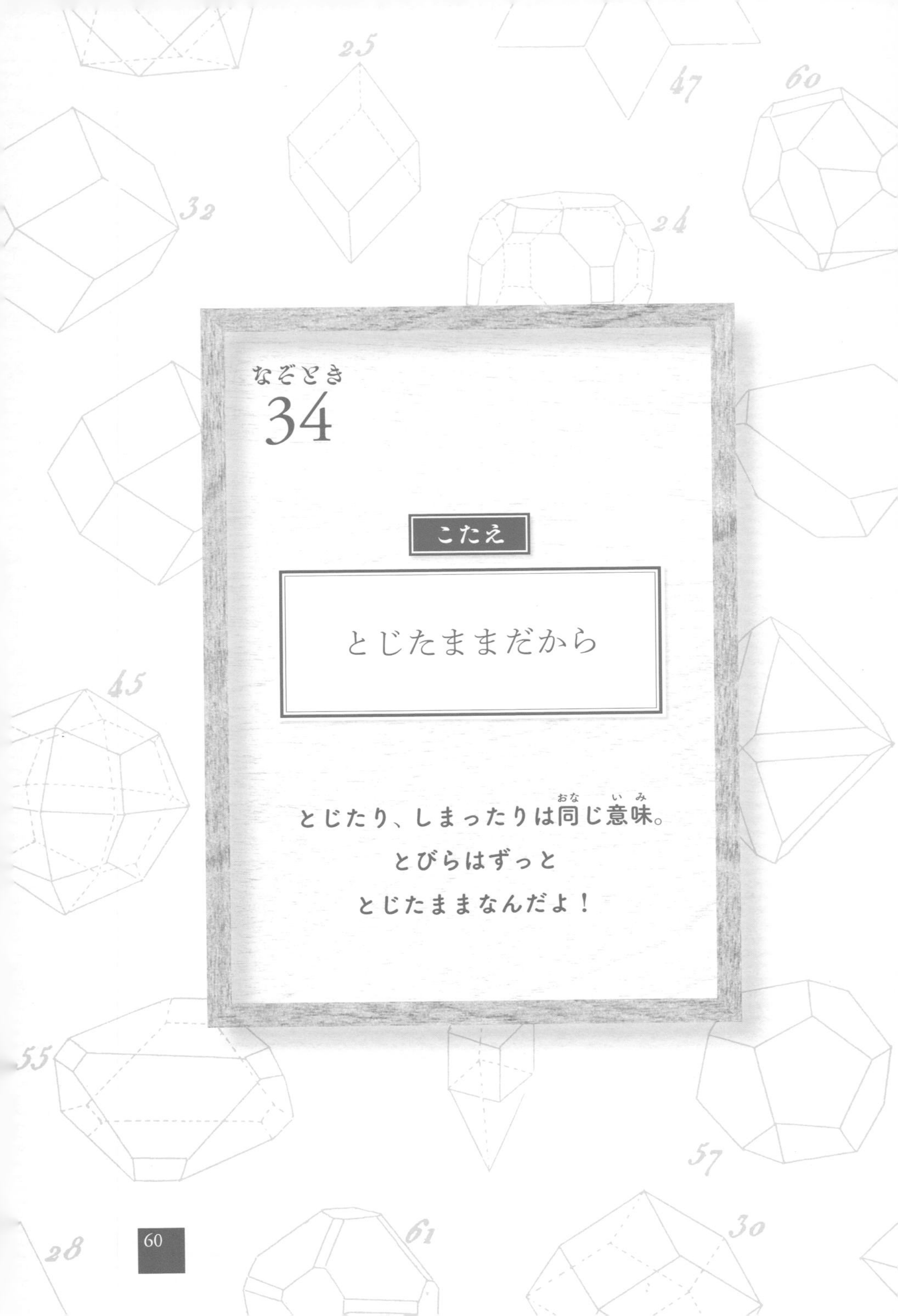

なぞとき
34

こたえ

とじたままだから

とじたり、しまったりは同(おな)じ意味(いみ)。
とびらはずっと
とじたままなんだよ！

なぞとき
35

レベル 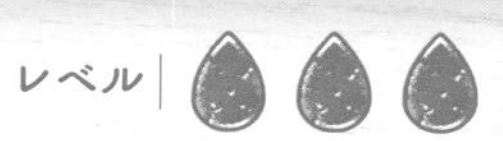

もんだい

カエルが、
オス、メス、メス、
オス、メスと並んでいるよ。
2匹目のカエルは、おとな？
それとも子ども？

ヒント
ひっかけ
もんだいだよ！

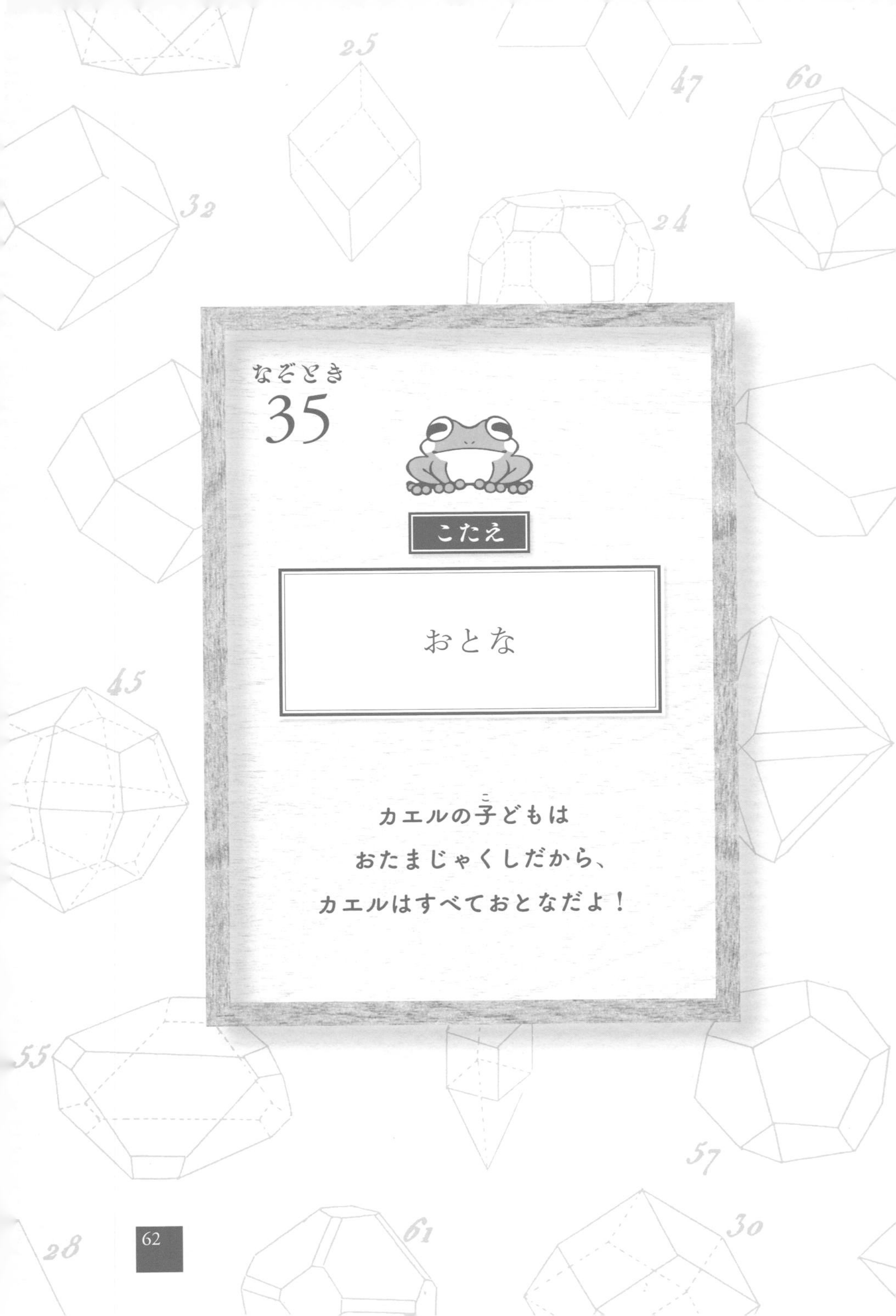

なぞとき
35

こたえ

おとな

カエルの子どもは
おたまじゃくしだから、
カエルはすべておとなだよ！

アンバー・ワールドはここで終わり。難問クリアできたかな？
手に入れたアンバーは、長寿のシンボル。
幸運を引き寄せ、心を安定させる力があるとも言われているよ。
1億年以上も前の植物や昆虫が閉じ込められているものもあり、
こすると電気を帯びるアンバー。神秘の石だね。

著者——児島勇気 ❖ こじま・ゆうき
クイズ作家。書籍、イベント、テレビ、ラジオなどに幅広いジャンルのクイズを提供している。TBS系情報番組「あさチャン」「THE TIME」のクイズコーナーの問題制作を担当。自身で運営するサイト「なぞなぞnazo2.net」も月間PV1000万以上と大人気。
https://www.nazo2.net/

イラスト——宮崎ひかり
編集——秋山浩子
デザイン——小沼宏之［Gibbon］

難何問クリア!? なぞときワールド

オパール&アンバー 色のなぞをとこう ほか

2024年2月　初版第1刷発行

著者——児島勇気
発行者——三谷光
発行所——株式会社汐文社
〒102-0071
東京都千代田区富士見1-6-1
TEL 03-6862-5200　FAX 03-6862-5202
https://www.choubunsha.com
印刷——新星社西川印刷株式会社
製本——東京美術紙工協業組合

ISBN978-4-8113-3096-9